FRANÇOIS BÉRUBÉ

Les lunettes ensorcelées

1

Une annonce mystérieuse

Je m'applique à bien écrire les lettres. La cloche sonne. C'est enfin la récréation ! Je me lève et je me dirige vers la porte.

Madame Martine 👀 : Maya, attends !

Maya : Qu'est-ce qui se passe ?

Madame Martine : Je vais te changer de place. Tu seras devant la classe. J'espère que ça ira mieux à cet endroit.

Cette annonce me stresse. Je ne me sens pas bien pour le reste de la journée. Je reviens à la maison un peu troublée.

Le téléphone me fait sursauter. Maman répond. Elle parle quelques minutes et raccroche.

Maman 😧 : Maya, viens ici. C'était ton enseignante. Elle veut nous rencontrer. Tout va bien ?

Maya 😟 : Je pensais que oui, mais elle m'a changée de place.

Maman 😒 : Elle a sûrement de bonnes raisons.

Je retourne dans ma chambre.
J'entends maman et papa
discuter dans le corridor.
Ils sont très sérieux.

Papa 😉 : Madame Martine a des soupçons…

Maman 👀 : On va essayer d'avoir un rendez-vous pour demain.

Ils n'ajoutent rien. Je ne comprends pas. Je me couche anxieuse.

Un rendez-vous inquiétant

Au réveil, papa nous informe.

Papa : Maya, tu n'iras pas à l'école ce matin.

Eliot : C'est injuste. Je ne veux pas y aller moi non plus.

Je ne suis pas d'accord avec mon frère. Je ne sais pas ce qui m'attend.

Papa et moi montons dans la voiture. On s'arrête devant un immeuble. Je plisse les yeux pour lire l'écriteau. Je n'y parviens pas. Je reconnais le logo d'un magasin de lunettes.

Maya 👀 : Que fait-on ici ?

Papa 😉 : On s'assure que tu as de bons yeux.

On entre. Un médecin fait des tests. Les machines font du bruit.

BRRRRRR !

Un dessin en noir et blanc apparaît. On dirait un monstre avec des cornes et des yeux perçants. Je bondis. Le médecin parle seul à voix haute avec des mots compliqués.

Je ne comprends rien.

👀 **Ça m'inquiète.**

Les examens se terminent. Papa et moi attendons dans

le bureau. Le docteur revient.
Il a un air grave.

Docteur Brisson 👀 : Maya, tu vas devoir porter des lunettes.

Maya 😧 : Oh non ! Je n'en veux pas.

Papa 👀 : C'est pour ton bien. Ton enseignante avait raison.

Je refuse d'avoir des lunettes. Je vais être affreuse. Ça va me faire mal au nez et aux oreilles.

3

Les lunettes troublantes

J'angoisse depuis une semaine. J'aurai ma nouvelle paire de lunettes en fin de journée. Madame Martine me demande de lire au tableau. Je n'y arrive pas. Je connais les mots, mais les lettres se mélangent.

Elle me dit que les lunettes m'aideront. Je n'en veux

toujours pas. Mon ami Zack
en porte aussi. Depuis, il voit
des choses étranges. Ça me
fait peur.

   La cloche sonne. Maman
m'attend à la sortie. Nous
allons récupérer mes lunettes.
J'entre dans le bureau du
spécialiste des yeux. Une affiche
noire est installée au mur.
On y voit des enfants avec
un regard menaçant ainsi
qu'un chien.

Docteur Brisson 😀 : C'est le grand jour !

Le médecin est étrange. 😜 **Il me fixe intensément.** Il me montre mes nouvelles lunettes. La monture est gris et mauve. Il me demande de les essayer.

Je les prends et je les installe sur le bout de mon nez.

Maman 😍 : Tu es magnifique, mon amour.

J'ouvre les yeux. Ils se posent sur l'affiche derrière le docteur.

Maya 👀 : AHHHHH !
Je retire immédiatement les lunettes.

Maman 👀 : Ça va ?

Maya 👀 : Non ! J'ai vu… J'ai vu…

Mon cœur bat vite. J'essaie de me calmer.

Maman 😨 : Qu'est-ce que t'as vu ?

Maya 😢 : Un monstre…
Il avait une forme animale,
une peau étrange, de gros yeux
et de grandes dents.

Je pleure. Maman me console.
Le docteur se frotte les mains,
satisfait. On part de ce bureau
terrifiant.

4

Le monstre poilu

J'observe la boîte sur mon bureau. Je ne veux pas remettre ces affreuses lunettes. J'ai eu tellement peur, hier.
Ce monstre était imposant.
Il avait des bras poilus et des yeux globuleux.

   Papa entre dans ma chambre. Il s'approche de mon lit.

Papa : Bonne nuit, ma grande. Demain, il faudra porter tes lunettes pour aller à l'école.

Maya : Je vais essayer… promis.

Je m'endors rapidement.
Je me réveille en sursaut.
J'entends un grincement.

CRIIIIIII !

Il vient du meuble sur lequel j'ai posé mes lunettes. Une ombre apparaît dans la noirceur. La silhouette s'avance vers moi. Elle veut me manger, j'en suis certaine. Je crie. Maman arrive aussitôt.

Maya 😭 : Le monstre… Il était là…

Maman 😒 : Tu as fait un cauchemar. Rendors-toi, ma chérie.

Je suis stressée pour demain.
Je crains que la créature me
suive partout.

***

Papa entre dans ma chambre.

Papa 👀 : Debout ! C'est
l'heure d'aller à l'école.
N'oublie pas tes lunettes.

Je prends l'étui dans mes
mains. J'en frissonne. Je le mets
dans mon sac. Je vais déjeuner.

Papa 😠 : Maya, tu oublies déjà ce que je t'ai demandé ?

Je secoue d'abord la tête. Je prends une grande respiration. Je ferme les yeux. Tous mes membres tremblent. Je mets enfin mes lunettes.

Je suis soulagée, le monstre n'est pas là. Mais il y a quelque chose de bizarre. Mes parents et Eliot ont les yeux rouges comme le feu. Leurs regards me donnent la chair de poule.

5

Des bêtises en classe

À l'école, nous travaillons en sciences avec madame Martine. Elle nous présente différentes races de singes. Il y a des photos partout dans le local. Je les trouve laids avec leur corps poilu.

Je n'ai pas encore mis mes lunettes en classe. Dans l'autobus, je les ai rangées dans leur étui. Mon enseignante le remarque.

Madame Martine : Maya, tu ne mets pas ta nouvelle paire ?

Maya : Euh… j'ai oublié…

Madame Martine : Tu dois les porter. C'est pour ton bien. Sinon, tu ne pourras pas voir au tableau.

Maya 😟 : OK… Je peux aller à la salle de bain ? Je vais les mettre en même temps.

Mon enseignante accepte. Je me rends aux toilettes. Je me regarde dans le miroir. J'installe mes lunettes devant mon visage. Aucun monstre n'apparaît. Je suis soulagée, mais nerveuse.

Je retourne vers ma classe. Le corridor est vide. J'ouvre la porte. 😨 **Je sursaute.**

Un petit singe s'avance vers moi. Il pousse un cri aigu.

EEK- EEK !

Je le repousse. Un immense gorille hurle dans un coin de la classe. Un babouin fonce dans ma direction. Il est menaçant.

La pièce est envahie de singes. Je referme la porte avec force.

BANG !

Je retire mes lunettes.
Le corridor est toujours vide.
Je tends l'oreille. Tout semble calme. Je marche un peu.
Je croise le directeur. Il me demande de retourner en cours.

J'accepte en soupirant.
Je frissonne en ouvrant la porte. Tous les élèves sont assis et silencieux. Je ne comprends pas.

Madame Martine 👀 : C'était long, Maya. Et pourquoi tu ne portes pas tes lunettes ?

Maya 😠 : Parce que vos affreux singes vont encore m'attaquer !

Mon enseignante me regarde d'un air contrarié.

D'autres bizarreries

C'est bientôt la fin de ma première journée avec mes lunettes. Madame Martine lit devant la classe une histoire de licorne, de princesse et de monstres. Elle montre une image. Je frissonne. J'ai déjà vu cette créature.

Mon enseignante arrête sa lecture. Elle me demande encore de mettre mes lunettes. Cela me permet de mieux voir les détails.

Je recule sur ma chaise. La licorne tente de sortir du livre. Elle me regarde d'un air fâché.

C'est comme ça depuis ce matin. Chaque fois que je prends un livre, je vois des animaux étranges. Ils sont vilains. Ils font des bruits inquiétants. Ils s'approchent trop près de moi.

J'essaie de garder mes lunettes. Je me retourne vers mes amis.

AHHHHHHHH !

Ils ont tous les cheveux longs, emmêlés et d'un noir profond.

J'enlève mes lunettes rapidement. Mon enseignante pointe le petit chien de la princesse dans le livre.

Madame Martine 😠 : Maya ! Remets tes lunettes.

Toute la classe me regarde. Personne ne semble comprendre mon problème. 👀 **J'ai honte.**

Malgré tout, je suis sa consigne. Satisfaite, madame Martine continue sa lecture. Et dans le livre, l'horrible monstre me fait un sourire méchant.

7

Le retour du monstre

Je ferme les yeux. Je les ouvre de nouveau. Le monstre est toujours là ! Il semble prisonnier du livre. Je l'observe. Il pousse un cri aigu.

RIIIIH !

Il a la peau verte avec des taches noires. Ses dents sont pointues comme des couteaux. Il a de grandes mains griffues.

Son regard est intense.
Je tremble sur ma chaise.
Pourquoi est-ce que personne ne réagit en voyant cette affreuse créature ?

Je me dirige vers le coin lecture. La bête me suit des yeux. Elle essaie de sortir du livre. **Je pousse un cri.**

Mon enseignante se retourne vers moi.

Madame Martine : Maya, qu'est-ce que tu fais ? Reprends ta place et calme-toi. J'aimerais continuer la lecture. Par contre, je te félicite. Tu as mis tes lunettes.

Elle ne comprend pas. On va tous se faire manger par ce monstre.

8

L'attaque

La cloche sonne. La journée de classe est terminée. Je passe près du présentoir à livres. Je retire mes lunettes et je les mets dans leur étui. Le monstre se fige. Quelque chose est étrange avec ces verres.

Découragée, je retourne à la maison. Maman m'attend.

Maman 😃 : Madame Martine vient d'appeler. Elle t'a trouvée nerveuse aujourd'hui.

Je tente de lui expliquer.

Maya 😟 : Je vois des monstres et des animaux bizarres. Mes lunettes sont ensorcelées.

Maman 🙄 : Voyons, ma chérie. Ça ne se peut pas. Tu vas t'habituer à les porter.

Je ne crois pas. Je sanglote.
C'est trop terrifiant. Papa arrive
du travail.

Papa 👀 : Maya, mets
tes lunettes, s'il te plaît.

Je pensais avoir une pause,
ce soir. Heureusement, quand
ma paire est sur mon nez,
rien n'apparaît. 😉 **Je pousse
un soupir de soulagement.**
Je m'installe devant la
télévision. Eliot regarde
un dessin animé japonais.
Des personnes se battent.

Un garçon a une épée en main. Il arrête son combat. Il se retourne vers moi.

Il agite son arme sous mes yeux. Je me replie sur le canapé. Je me protège. Mes lunettes tombent au sol. Le personnage disparaît.

Je pleure, paniquée. Mon frère éteint la télévision.

Eliot 👀 : T'es vraiment trop bizarre…

Il s'en va du salon. La pièce est plongée dans le noir.

9

Une bagarre monstrueuse

Ce matin, papa est de mauvaise humeur. Selon lui, je ne fais pas attention à mes lunettes. Il ne comprend pas. J'ai peur quand je les porte.

Je vais quand même les chercher dans ma chambre. J'en profite pour faire mon lit. Un toutou glisse d'une étagère.

J'installe mes lunettes sur mon nez.

Je me penche pour replacer le petit ourson tombé sur le plancher. Il n'est plus là. Un monstre apparaît près de mon étagère. Il ressemble à celui de l'histoire de madame Martine. Mais il est encore plus grand. De la bave coule de sa gueule. Il respire bruyamment.

Je voudrais crier de toutes mes forces. J'en suis incapable. Le monstre éclate de rire.

RAAAHAAAHAAAH !

Il avance lentement sa main griffue vers moi. Il ne m'aura pas. Je montre les dents. J'ouvre la bouche, prête à mordre.
Le monstre recule d'un pas.

J'en profite pour jeter ma couverture sur lui. Désorienté, il ne bouge plus. Je m'approche de lui.

Il bondit subitement. Son bras velu est près de moi.

Je sursaute et tombe à la renverse.

Dans ma chute, mes lunettes sont éjectées. Je respire difficilement. J'ouvre les yeux. Le monstre a disparu.

10

La disparition des créatures

Mes lunettes se sont brisées en tombant sur le sol. Papa entre dans ma chambre.

Papa : C'est quoi tout ce bruit ?

Maya : C'était le monstre. Il est parti. Je l'ai fait fuir.

Papa ne semble pas me croire. Puis, il voit l'état de mes lunettes.

Papa : Maya… tu as brisé ta monture.

Maya : C'est à cause de la créature…

Papa : Arrête ! Ça n'existe pas. Je ne suis pas content. Tu les as cassées. On va devoir t'en acheter de nouvelles.

Je voudrais qu'il comprenne.
En portant ces terribles
lunettes, tout se transforme.
👀 **La réalité devient terrifiante.**

Papa remarque ma tristesse.
Il se calme. Il me prend dans
ses bras.

Papa 😊 : Ma chérie, tu dois
faire attention à tes affaires.

Papa me fait un gros câlin.
Je me sens en sécurité dans
ses bras.

***

Quelques jours plus tard, nous allons chercher mes nouvelles lunettes.

Docteur Brisson 👀 : On a ajusté la force des verres. Celle des autres était trop forte. Ce sera mieux pour tes yeux. On ne voudrait pas que tu voies de drôles de choses.

Le médecin me fait un clin d'œil. Je regarde papa à mon tour. Cela explique mes hallucinations. **Je n'étais pas folle !** Un peu craintive, j'essaie ma nouvelle paire. Je vois très bien. Cette fois, aucun monstre ni aucune créature maléfique n'apparaissent. Je suis soulagée. J'espère ne plus jamais avoir de terribles visions.

Dans la même collection

Les lunettes ensorcelées
Auteur : François Bérubé

ISBN : 978-2-89841-224-0
ISBN (PDF) : 978-2-89841-225-7
ISBN (ePub) : 978-2-89841-226-4

Aucune édition, impression, adaptation ou reproduction de ce texte, par quelque procédé que ce soit, tant électronique que mécanique, en particulier par photocopie ou par microfilm, ne peut être faite sans l'autorisation écrite de l'éditeur.

© Les éditions Héritage inc. 2024
Tous droits réservés

Direction littéraire et artistique :
Thomas Campbell
Mise en page : Marquis Interscript
Illustration de la couverture : artsoluki
Révision et correction : Révision AM

Droits et permissions : Barbara Creary
Service aux collectivités :
espacepedagogique@
dominiqueetcompagnie.com
Service aux lecteurs : serviceclient@
editionsheritage.com

Dépôt légal : 1er trimestre 2024
Bibliothèque et Archives
nationales du Québec
Bibliothèque et Archives Canada

Les éditions Héritage /
Dominique et compagnie
222 rue de Woodstock, bureau 1010A
Saint-Lambert (Québec) J4P 3R3
Téléphone : 514 875-0327
dominiqueetcompagnie
@editionsheritage.com
dominiqueetcompagnie.com

Imprimé au Canada

Nous reconnaissons l'aide financière du gouvernement du Canada.

Nous reconnaissons l'aide financière du gouvernement du Québec par l'entremise du Programme de crédit d'impôt – SODEC – Programme d'aide à l'édition de livres.

Nous remercions le Conseil des arts du Canada de l'aide accordée à notre programme de publication.